# Hacking Ético
## Introducción a la Ciberseguridad

William V. Jenkins

# Índice

## Acerca del Manual

Este manual está diseñado para proporcionar una introducción comprehensiva al hacking ético y al mundo de la ciberseguridad.

# Introducción

## Definiciones y conceptos básicos

*"Los males, cuando se los descubre a tiempo, se los cura pronto; pero ya no tienen remedio cuando, por no haberlos advertido, se los deja crecer hasta el punto de que todo el mundo los ve."*
Nicolás Maquiavello

Diariamente, la ciberdelincuencia genera una cantidad considerable de ciberataques. Cuando uno de estos ataques es detectado, surgen una serie de interrogantes cruciales:

> **¿Quién fue el responsable?**
> **¿Cuándo ingresaron al sistema?**
> **¿Qué acciones llevaron a cabo y qué información se extrajo?**
> **¿Cuánto tiempo permanecieron dentro del sistema y cómo lograron acceder?**

Estas preguntas son fundamentales para comprender la naturaleza y el impacto de los ataques cibernéticos.

Es posible que identificar al atacante resulte una tarea ardua, y el proceso de determinar las acciones realizadas en el sistema puede ser largo y costoso. Sin embargo, lo que preocupa aún más a muchas organizaciones es su capacidad para recuperarse de los daños y restablecer la información perdida.

No obstante, si la organización hubiera identificado previamente los métodos y las acciones del atacante, habría estado en posición de protegerse de manera más efectiva y prevenir el ataque, o al menos, aprender de sus vulnerabilidades para minimizar el impacto de futuros ataques.

El propósito fundamental de la ciberseguridad es mitigar los riesgos al reducir las vulnerabilidades y neutralizar las amenazas. Este es un proceso continuo que abarca desde la detección inicial de vulnerabilidades hasta el análisis de los ataques recibidos, todo ello acompañado de una monitorización constante en tiempo real de las actividades en los sistemas.

# Principios de seguridad de la información

Cuando nos referimos a la seguridad de la información, estamos hablando de las medidas destinadas a proteger los datos sensibles de una organización o individuo. Este concepto abarca no solo la información procesada o almacenada en sistemas informáticos, sino también aquella que pueda encontrarse en sistemas no informáticos. Sin embargo, dado que en la actualidad la mayor parte de la información se procesa o almacena en sistemas informáticos, la seguridad de la información está estrechamente relacionada con la ciberseguridad.

Independientemente de los objetivos del atacante, todos los ataques tienen como objetivo afectar al menos una de las dimensiones fundamentales de la seguridad de la información o de los sistemas.

Garantizar una seguridad efectiva de la información implica implementar las medidas adecuadas para proteger estas dimensiones. Esto implica un proceso continuo de actualización y mejora de las medidas de seguridad, que se basa en la identificación de nuevas vulnerabilidades y amenazas.

## Confidencialidad

El principio de confidencialidad se fundamenta en resguardar la información de ser accedida por personas o sistemas no autorizados. Además, este principio se extiende a la protección de los sistemas y redes que transmiten, procesan o almacenan dicha información.

Un atacante puede comprometer la información de manera sencilla mediante técnicas como el "shoulder surfing", que implica observar a un administrador mientras ingresa su contraseña, o a través de lo que comúnmente se conoce como "dumpster diving", que consiste en buscar documentos o papeles con información sensible entre los desechos.

## Integridad

Este principio se centra en prevenir cambios no autorizados en la información o en los sistemas. Un ataque que comprometa la integridad de la información puede tener diversas consecuencias para una organización. Entre ellas, se destacan posibles fraudes económicos al modificar números de cuenta bancaria, otorgar accesos a personas no autorizadas o alterar mensajes transmitidos, entre otros posibles escenarios.

## Disponibilidad

Facilita el acceso a la información y los sistemas por parte de las personas o sistemas autorizados en el momento que sea necesario. Los ataques más comunes contra la disponibilidad incluyen los ataques de denegación de servicio (DoS).

## Autenticidad

Este principio asegura que una entidad se identifique correctamente, garantizando así la autenticidad de la información que proporciona. En otras palabras, se verifica que no haya ocurrido una suplantación de identidad.

## Trazabilidad

Este principio asegura que las acciones realizadas sobre la información y los sistemas sean identificables, permitiendo así determinar quién accedió y cuándo se realizaron las modificaciones. También se conoce como principio de auditoría.

# Definiciones básicas

## Riesgo, vulnerabilidad y amenaza

Una amenaza es un agente que tiene el potencial de causar daño. Algunas amenazas son de origen natural, como inundaciones, incendios o terremotos, mientras que otras tienen un origen más humano y pueden ser intencionadas o no intencionadas. En resumen, la amenaza se puede considerar como el equivalente al atacante en el contexto de la seguridad informática.

Una vulnerabilidad se define como una debilidad o fallo que puede ser aprovechado para causar daño, ya sea de manera intencionada o no intencionada. Algunos ejemplos de vulnerabilidades incluyen fallos en el desarrollo del software o en el diseño del hardware, así como también un mal diseño en la arquitectura de los sistemas o configuraciones deficientes.

El riesgo se refiere a la posibilidad de que una amenaza aproveche una vulnerabilidad. La amenaza busca materializar este riesgo a través de un ataque, utilizando un vector de ataque, que es el camino seguido por la amenaza para alcanzar sus objetivos.

Cuando se lleva a cabo un análisis de seguridad, surgen los conceptos de caja negra, gris y blanca, que se refieren al grado de conocimiento que se tiene previamente a la realización de este.

Este conocimiento puede variar desde ser nulo (caja negra) hasta conocer toda la información de los sistemas (caja blanca), lo que incluye el esquema de red y, posiblemente, tener acceso a un usuario interno con privilegios elevados. En medio de estos extremos se encuentra la caja gris, que representa un conocimiento parcial que puede ampliarse según lo acordado previamente por la organización.

# Vulnerabilidades

Clasificar los tipos de vulnerabilidades puede resultar complicado, ya que estas pueden agruparse de diversas maneras, dependiendo del propósito de la persona u organización que establezca la clasificación.

Una clasificación general podría realizarse según la fuente de la vulnerabilidad. De esta manera, es posible identificar:

**-Vulnerabilidades en el hardware.**
**-Vulnerabilidades en el diseño e implementación de las arquitecturas.**
**-Vulnerabilidades en el desarrollo del software.**
**-Vulnerabilidades en la implementación del software.**
**-Vulnerabilidades en la operación del usuario.**

## Tipos de vulnerabilidades

El Common Vulnerability Scoring System (CVSS) es un estándar abierto utilizado para evaluar la gravedad de vulnerabilidades conocidas. Este sistema utiliza métricas específicas para asignar una puntuación final, con la cual se determina la severidad de la vulnerabilidad correspondiente.

Los aspectos que se evalúan son:

**-El vector de acceso.**
**-La complejidad de la explotación.**
**-El nivel de autenticación requerido por el atacante en el sistema.**
**-El impacto sobre la confidencialidad, integridad y disponibilidad.**

Una vez evaluados todos estos aspectos y asignada la puntuación correspondiente a cada uno, se suman estas puntuaciones para obtener un número entre 0 y 10. Este número refleja los siguientes niveles de severidad:

**Nula:** 0
**Baja:** de 0,1 a 3,9
**Media:** de 4,0 a 6,9
**Alta:** de 7,0 a 8,9
**Crítica:** de 9 a 10

## Tipos de vulnerabilidades según el tiempo desde su descubrimiento

**Vulnerabilidades de Día Cero (Zero-Day):** Estas son vulnerabilidades para las cuales no existen parches disponibles. Desde el momento en que un atacante descubre la existencia de este tipo de vulnerabilidades hasta que el fabricante publica el parche correspondiente, puede pasar mucho tiempo, incluso años, durante los cuales el sistema queda comprometido. Es posible que la vulnerabilidad se haga pública antes de que el fabricante haya desarrollado el parche correspondiente, lo que aumenta exponencialmente el número de posibles atacantes.

**Vulnerabilidades de Día Uno (One-Day):** En este caso, la vulnerabilidad es pública y ha sido reconocida por el desarrollador, quien publica los parches correspondientes. Sin embargo, los parches no se aplican de manera instantánea, ya que deben someterse a un proceso de pruebas acorde con las políticas de la organización. Durante el período desde que se publican los parches hasta que se aplican en todos los sistemas, los potenciales atacantes pueden aprovechar el tiempo para estudiar los parches, entender cómo explotar la vulnerabilidad y buscar sistemas que aún no hayan sido parcheados.

**Vulnerabilidades Antiguas:** Estas vulnerabilidades son conocidas desde hace un tiempo considerable, y suelen contar con parches disponibles o nuevas versiones que las abordan. Además, existen exploits públicos diseñados para aprovechar estas vulnerabilidades. A pesar de la disponibilidad de parches, en ocasiones los sistemas pueden permanecer sin parchear por diversos motivos. Esto crea la posibilidad de que un atacante pueda aprovechar estas vulnerabilidades para comprometer los sistemas.

## Tipos de amenazas

Dejando a un lado las amenazas naturales, contra las cuales poco se puede hacer aparte de implementar redundancia en los sistemas y tener sólidas políticas de respaldo, las amenazas pueden clasificarse según su nivel de organización:

**Poco estructuradas:** Se refiere a personas que actúan de manera individual o en pequeños grupos, sin pertenecer a ninguna organización y sin financiación externa. Generalmente, estas personas basan sus acciones en vulnerabilidades conocidas y documentadas, utilizando técnicas poco sofisticadas. Sus motivaciones pueden ser diversas, desde simple curiosidad hasta demostrar sus habilidades, participar en acciones de hacktivismo o buscar beneficios económicos. Sus objetivos suelen ser oportunidades descubiertas durante el reconocimiento, utilizando diversas técnicas o herramientas.

**Estructuradas:** Se refiere a grupos organizados que cuentan con tiempo y conocimientos para planificar cuidadosamente sus ataques, y pueden tener algún tipo de financiación. Estos grupos suelen llevar a cabo ataques específicos contra objetivos previamente identificados. Dedican tiempo considerable para obtener toda la información posible sobre el objetivo y suelen utilizar vulnerabilidades no documentadas para llevar a cabo la explotación. Un ejemplo de este tipo de amenaza incluye los ataques de ransomware contra empresas, así como los grupos hacktivistas.

**Muy Estructuradas:** En este caso, los objetivos son altamente específicos, generalmente apuntando a empresas estratégicas, objetivos gubernamentales o personas pertenecientes a ciertos grupos no afines. Las motivaciones de estas amenazas suelen trascender lo económico, y están más orientadas hacia la búsqueda de una superioridad estratégica u operativa.

## Tipos de ataques

Algunos de los criterios más comunes para clasificar los ciberataques son el propósito o el vector de ataque utilizado. Otra posible clasificación sería según el principio atacado, que puede ser confidencialidad, integridad, disponibilidad o autenticidad. También podrían dividirse en activos o pasivos, o clasificarse según el objetivo atacado, como red, Wi-Fi, cliente, persona, entre otros.

# Tipos de ataque según su propósito

**Ciberespionaje:** El ciberespionaje implica realizar acciones de espionaje en el ciberespacio o utilizando este como medio para obtener información perteneciente a empresas, organizaciones gubernamentales o personas que no están alineadas con el atacante. Este tipo de ataques generalmente son llevados a cabo por estados o empresas con el objetivo de obtener información sobre sus competidores o rivales empresariales.

**Cibercrimen/Ciberdelito:** Se refiere a acciones delictivas que utilizan el ciberespacio como herramienta o como objetivo. Estas actividades pueden abarcar tanto delitos tradicionales, como timos, suplantaciones de identidad, venta de drogas o de armas, así como también delitos específicos dirigidos a sistemas de información, como denegaciones de servicio o degradación de sistemas. El propósito principal de estos ataques suele ser económico. Se dirigen contra empresas, personas individuales u organismos públicos, y suelen ser llevados a cabo por organizaciones criminales o por individuos a sueldo.

**Hacktivismo:** El hacktivismo se caracteriza por intentar controlar o dañar equipos y sistemas con el fin de dar visibilidad a una causa. Las motivaciones detrás de estos actos pueden ser políticas, ideológicas, búsqueda de venganza, entre otras. Ejemplos de estos ataques incluyen acciones donde los atacantes publican bases de datos después de atacar a una empresa, o el defacement de sitios web para transmitir un mensaje contrario a la empresa propietaria del mismo. Este tipo de ataques suelen ser llevados a cabo por grupos activistas contra empresas y gobiernos.

**Ciberterrorismo:** El ciberterrorismo tiene como objetivo generar miedo generalizado en la población e influir en la misma y en el gobierno. Esto se logra mediante la ejecución de acciones en el ciberespacio que tienen como fin destruir o interrumpir servicios esenciales. Este tipo de ataques suelen ser llevados a cabo por grupos terroristas, ya sea de manera independiente o en connivencia con gobiernos.

**Ciberguerra:** Se refiere a la utilización del ciberespacio para obtener una superioridad militar, debilitando o destruyendo objetivos estratégicos u operacionales de una nación enemiga en el contexto de un conflicto armado. Dentro de esta definición se incluyen acciones que van desde la propaganda y el espionaje hasta los ataques contra infraestructuras críticas. Estos ataques únicamente pueden ser llevados a cabo por organizaciones militares en el contexto de un conflicto bélico, y se dirigen contra objetivos conforme a lo establecido en los tratados internacionales.

El concepto de vector de ataque proviene del ámbito militar y se refiere al método que utiliza una amenaza para aprovechar una vulnerabilidad y atacar el sistema. Una vez que un atacante ha recopilado suficiente información sobre el objetivo, incluyendo sistemas y datos personales de los empleados de la organización, estará en condiciones de elegir la mejor forma de llevar a cabo el ataque con garantías de éxito. En muchas ocasiones, se emplea una combinación de varios vectores para materializar un ataque.

**Malware:** Los programas que ejecutan acciones maliciosas en un equipo se conocen como malware. Este término abarca numerosos tipos de programas, como virus, gusanos, troyanos, keyloggers, ransomware, adware o spyware.

**E-mail:** El correo electrónico puede utilizarse para enviar spam, realizar phishing o distribuir malware. En muchas ocasiones, el correo electrónico sirve como vector de ataque inicial para que la persona descargue y ejecute el malware en el sistema.

**Navegación por internet:** La navegación por Internet, en muchas ocasiones asociada a los dos anteriores, puede utilizarse para robar información o para descargar malware en la víctima.

**Aplicaciones y páginas web:** Las páginas web de las empresas son aplicaciones. Un atacante puede utilizarlas para llevar a cabo ataques a las aplicaciones con el fin de obtener acceso o extraer información de las mismas y de sus bases de datos relacionadas. Algunos tipos de ataques web conocidos son las inyecciones SQL o los ataques de cross-site scripting (XSS), entre otros muchos.

## Tipos de análisis de seguridad

En primer lugar, es esencial comprender adecuadamente el término hacking.

El término hacker se utilizó desde sus inicios para describir a aquellas personas que estudiaban en profundidad una tecnología, con el objetivo de comprenderla de manera que pudieran modificarla y realizar tareas para las que no estaba originalmente destinada.

Esta definición se adoptó en el ámbito informático, pero su significado ha ido evolucionando con el tiempo. En la actualidad, se suele utilizar el término hacking para hacer referencia al acceso no autorizado a sistemas ajenos con la intención de causar daños.

La Real Academia Española reconoce el término hacker en sus dos acepciones: como pirata informático y como persona con habilidades avanzadas en el manejo de computadoras, que investiga sistemas informáticos para identificar fallos y desarrollar técnicas de mejora.

## Ethical Hacking

Para contrarrestar la connotación negativa previa, se acuñó el término "hacking ético", también conocido como "white hat hacking". Estas expresiones describen el uso de técnicas ofensivas para acceder a sistemas con el fin de identificar vulnerabilidades y reportarlas para su corrección.

## Penetration testing

El Penetration Testing, también conocido como Pentesting o Test de Penetración, se sitúa como un subconjunto del Hacking Ético. Se emplean tácticas, técnicas y procedimientos (TTP) similares a las utilizadas por atacantes reales con el fin de descubrir vulnerabilidades y explotarlas para obtener acceso y control sobre los sistemas, siempre dentro de los límites acordados y las reglas de enfrentamiento establecidas. Estas pruebas no solo identifican amenazas y riesgos, sino que también evalúan su impacto potencial en los sistemas.

## Red Teaming

Se entiende por Red Team el proceso de simular un ataque para evaluar y fortalecer los protocolos, tecnologías y capacidades de respuesta de una organización ante incidentes. Esta práctica involucra tanto a un equipo ofensivo (Red Team) como a un equipo defensivo (Blue Team), y en algunos casos, se integran equipos con otras denominaciones, como el Purple Team. Este último, más que un equipo en sí, representa una dinámica de colaboración entre el Red Team y el Blue Team para integrar las medidas defensivas con las vulnerabilidades identificadas y los ataques simulados.

## Análisis de vulnerabilidades

Los análisis de vulnerabilidades tienen como objetivo identificar todas las vulnerabilidades presentes en los sistemas, sin llegar a explotarlas. Además, este tipo de análisis abarca aspectos que no se realizan en un test de penetración, como la revisión de las políticas de seguridad de la organización y la documentación de seguridad.

## Auditoría de seguridad

Las auditorías de seguridad consisten en verificar el estado de seguridad de una organización conforme a estándares de seguridad específicos. Para ello, los auditores suelen utilizar listas de verificación en las que se registran diversos aspectos relevantes.

# Tipos de hackers

Es habitual clasificar a los hackers según el color de sus sombreros. Con la introducción del concepto de "ethical hacking", surgió el término "white hat hacking". Como sugiere su nombre, un hacker de sombrero blanco realiza acciones de hacking debidamente autorizadas con el propósito de identificar vulnerabilidades. Por el contrario, un hacker de sombrero negro persigue propósitos maliciosos, buscando obtener beneficios personales o económicos, o causar daños a una organización o individuo.

Entre los denominados hackers de sombrero gris se encuentran una variedad de perfiles. Este término abarca una amplia gama de tonalidades de gris, incluyendo diversas motivaciones y comportamientos. Por ejemplo, aquí se incluirían aquellos que atacan a una organización para luego contactarla y ofrecer sus servicios de seguridad. También podrían entrar en esta categoría aquellos que trabajan para un gobierno con el fin de obtener información sobre otros países.

## Aspectos éticos y legales

La palabra "ético" se ha utilizado para describir ciertas acciones realizadas con intenciones nobles, mientras que los hackers han sido identificados por colores según sus intenciones. Podría pensarse que, si las acciones de un hacker ético están autorizadas y se adhieren a lo acordado sin revelar información obtenida durante sus actividades, se está cumpliendo con la legalidad. Sin embargo, en muchas ocasiones, la línea que separa lo legal de lo ilegal puede ser muy tenue.

Consideremos una situación de ingeniería social en la que un hacker ético engaña a un empleado para que divulgue sus credenciales y luego las utiliza para acceder al sistema y a la información que este maneja, de manera similar a como lo haría un atacante real. Si lo analizamos detenidamente, en este caso se estaría llevando a cabo una suplantación de identidad, lo cual podría acarrear consecuencias legales tanto para el hacker ético como para la empresa involucrada.

Para minimizar posibles problemas legales, es esencial definir meticulosamente los aspectos relacionados con la preparación de un test de penetración. La organización que solicita una acción de hacking ético, ya sea mediante personal interno o externo, debe haber comunicado de manera clara a todos sus empleados la política que regirá el uso de sus sistemas de información. Además, en el informe final, es crucial omitir cualquier dato personal de los empleados sobre los cuales se hayan llevado a cabo acciones o de los cuales se haya obtenido información durante el proceso.

Durante una acción de hacking ético, si se detectan indicios de un ataque real dirigido a la organización, el pentester detendría de inmediato las acciones y notificaría al personal de contacto designado en la organización. A partir de ese punto, se abren dos opciones: denunciar el incidente o investigarlo de forma independiente para determinar lo sucedido. Una investigación del incidente podría proporcionar información sobre el potencial atacante, así como direcciones IP de los equipos involucrados en el ataque.

Existe la tentación de acceder a esas direcciones IP y, en algunos casos, llevar a cabo acciones ofensivas como denegaciones de servicio o intentos de hacking para acceder a los sistemas. Sin embargo, es importante considerar que esos sistemas podrían ser legítimos y haber sido previamente comprometidos por el atacante para utilizarlos como un salto intermedio. En términos físicos, esto sería similar a agredir a un carterista que hemos atrapado en el acto: puede parecer justo y satisfactorio en el momento, pero resultaría difícil de justificar legalmente.

## Tipos de pentesting

Durante la realización de un pentesting, se pueden abordar varios aspectos, según las necesidades de la organización, el tiempo disponible y el presupuesto asignado. Para determinar adecuadamente las acciones a realizar, es fundamental tener un conocimiento básico de los tipos de pentesting más comunes.

**Network:** Este tipo de prueba implica la identificación de sistemas y servicios dentro de una red, así como la búsqueda de vulnerabilidades en los sistemas operativos y aplicaciones de servidor. Se centra en detectar posibles malas configuraciones u otras debilidades que podrían ser explotadas por un atacante de manera remota.

**Client-side:** El objetivo de este tipo de prueba es identificar vulnerabilidades en el software instalado en los equipos de los usuarios. Se enfoca en encontrar posibles fallos de seguridad que puedan ser explotados a través de aplicaciones utilizadas por los usuarios finales.

**Web:** Esta modalidad se concentra en identificar vulnerabilidades en las aplicaciones web de una organización. El propósito principal es detectar posibles debilidades en el código o la configuración de estas aplicaciones que podrían ser aprovechadas por un atacante para comprometer la seguridad de la organización.

**Wireless:** Esta modalidad implica evaluar la seguridad de las redes inalámbricas, típicamente Wi-Fi, que se encuentran en las instalaciones de una organización. Se centra en identificar posibles vulnerabilidades y debilidades en la configuración y el cifrado de estas redes para prevenir accesos no autorizados y garantizar la protección de la información transmitida a través de ellas.

**Ingeniería social:** Esta técnica consiste en manipular a los usuarios con el fin de obtener información confidencial o inducirlos a realizar acciones que beneficien al atacante. Esto puede incluir persuadir a los usuarios para que revelen contraseñas, descarguen aplicaciones maliciosas, accedan a sitios web controlados por el atacante o realicen otras acciones que comprometan la seguridad de la organización. Es crucial para las empresas educar a su personal sobre los riesgos asociados con la ingeniería social y promover prácticas de seguridad sólidas para prevenir este tipo de ataques.

**Físico:** Esta modalidad implica intentar acceder a las instalaciones del cliente con el propósito de comprometer su seguridad. Se busca obtener acceso a los equipos, encontrar documentación sensible, robar dispositivos de almacenamiento u otros activos importantes, y desplegar dispositivos para realizar acciones posteriores de forma remota, entre otras posibles acciones que podrían llevar a cabo los atacantes. Durante estas pruebas, el pentester deberá llevar consigo un permiso de ejecución otorgado por la organización y contar con un punto de contacto interno que pueda respaldarlo en caso de ser detectado por el personal de seguridad.

Usualmente, un pentest no se limitará a un solo tipo, sino que se empleará una combinación de varios. Por ejemplo, un pentest client-side generalmente incluirá, como mínimo, acciones de ingeniería social.

## Metodologías

Para llevar a cabo un test de penetración, es fundamental seguir una metodología. Aunque un pentester experimentado puede haber desarrollado la suya propia, es recomendable conocer algunas metodologías estándar y seguir sus pautas. Sin embargo, siempre se pueden realizar adaptaciones para ajustarlas a las necesidades y preferencias personales. Entre las más conocidas se encuentran las siguientes:

**Penetration Testing Framework:** Se centra principalmente en el Network Pentesting. Ofrece una guía detallada paso a paso de cada aspecto a evaluar, además de indicar las herramientas y comandos necesarios. Incluye secciones dedicadas a VOIP, Bluetooth y Wireless, entre otros.

Puedes acceder a él en:

**http://www.vulnerabilityassessment.co.uk/Penetration%20Test.html**

**Penetration Testing Execution Standard (PTES):** Establece las actividades que deben considerarse en un pentest, con el objetivo de proporcionar a las organizaciones un producto que sea comprensible y que agregue valor al negocio. Ofrece pautas para las diferentes fases de un pentest, desde las interacciones previas como la definición del alcance y las reglas de enfrentamiento, hasta las actividades de reconocimiento, modelado de amenazas, análisis de vulnerabilidades, explotación, post-explotación y elaboración del informe.

Puedes acceder a él en:

**http://www.pentest-standard.org/index.php/main_page**

**Open Web Application Security Project (OWASP) Testing Guide:** se diferencia de las anteriores metodologías al centrarse exclusivamente en la seguridad de las aplicaciones web. Describe en detalle las distintas verificaciones que deben realizarse, además de indicar las herramientas que pueden utilizarse a lo largo del proceso.

Puedes acceder a él en:

**https://owasp.org/www-project-web-security-testing-guide/**

## Fases de un pentest

El proceso de un test de penetración comprende varias fases que pueden agruparse en tres bloques principales: preparación, ejecución y presentación de resultados. En la fase de preparación, se definen los objetivos, se establece el alcance del test y se recopila la información necesaria. Durante la ejecución, se llevan a cabo las pruebas de penetración de acuerdo con el plan establecido, utilizando diversas técnicas y herramientas. Finalmente, en la fase de presentación de resultados, se analizan los hallazgos obtenidos, se elabora un informe detallado y se presentan las recomendaciones para mejorar la seguridad del sistema.

### Fase de preparación

**Preparación con el cliente:** Durante esta fase, el responsable del equipo de pentesting y el designado por la organización colaboran para establecer varios aspectos del proceso de pentesting. Esto incluye definir el alcance del pentesting, las responsabilidades de ambas partes y su duración. Dado que es común que los responsables no tengan claras sus necesidades o no puedan expresarlas de manera detallada, esta fase comienza con una reunión inicial para plantear preguntas que ayuden a orientar el proceso. Durante esta reunión, es útil emplear cuestionarios basados en los incluidos en el PTES para delimitar el test, su duración, el tipo de pentesting a realizar y su alcance. Además, se pueden abordar los aspectos más relevantes para la organización, como sus sistemas más sensibles, principales preocupaciones y amenazas identificadas.

- **Acuerdo de confidencialidad:** También conocido como NDA (Non-Disclosure Agreement), su propósito es proteger la información de la organización que pueda ser conocida durante el pentesting. Este acuerdo obliga a proteger las comunicaciones, equipos utilizados, soportes de almacenamiento y los resultados del pentesting.
- **ROE (Rules of Engagement):** Describen las prácticas que se seguirán durante el pentesting. Esto incluye aspectos como la duración y horario del pentesting, si será de tipo caja blanca, negra o gris, la frecuencia de las reuniones entre el personal responsable de la organización y el equipo de pentesting, así como la información de contacto en ambos sentidos para imprevistos o comunicaciones urgentes, entre otros aspectos.
- **Alcance del test:** Define qué rangos de direcciones IP, nombres de dominio, equipos o aplicaciones deben ser evaluados y cuáles deben ser explícitamente excluidos. También establece el nivel de profundidad, lo que influirá en la capacidad de realizar la explotación y la posterior fase de post-explotación. Además, el alcance debe considerar los tipos de pruebas que se llevarán a cabo. Mientras que el alcance define qué actividades se pueden realizar, las Reglas de Compromiso (ROE) determinan cómo deben llevarse a cabo.
- **Permiso de ejecución:** Es una autorización firmada por el responsable de la organización que permite llevar a cabo el pentest. Este documento es fundamental y nunca se debería iniciar ninguna acción sin él. Todo el personal que participe en el test, especialmente en el caso de un pentest físico, debe llevar consigo esta autorización en

todo momento.

**Preparación de la infraestructura de ataque:** Antes de iniciar cualquier tipo de test de penetración, es crucial configurar la infraestructura, lo que implica una planificación exhaustiva no solo del software y hardware necesarios, sino también de la infraestructura de red requerida. Al igual que un atacante real, un equipo de pentesting necesitará ordenadores desde los que lanzar sus ataques, así como máquinas de apoyo y, posiblemente, una infraestructura en Internet que permita ocultar el origen de los ataques. Es crucial tener en cuenta que la misma infraestructura no será adecuada para todos los pentests que se realicen; será necesario adaptarla o crear una infraestructura nueva cada vez. Todos los equipos utilizados durante un test de penetración deben estar completamente actualizados, tanto en el sistema operativo como en las aplicaciones, y no deben contener aplicaciones ni servicios innecesarios.

- **Equipos ofensivos:** Aunque es común utilizar equipos con sistema operativo Linux para acciones ofensivas, no se debe descartar la utilización de Windows. De hecho, es conveniente contar con distintos equipos que ejecuten diferentes sistemas operativos, ya que es posible encontrar herramientas específicas o que simplemente funcionen mejor en un sistema que en otro. Los equipos utilizados para las acciones ofensivas deben ser completamente distintos de los utilizados para el trabajo diario y el uso personal de los empleados. Esto se debe tanto a razones de seguridad como de privacidad, ya que comprometer la información de la organización podría exponer tanto los datos de la propia organización como los del equipo atacante a la red interna. En muchas ocasiones, será necesario ajustar las configuraciones del equipo atacante y agregar aplicaciones que no se utilicen normalmente. Por ello, además de utilizar un equipo específico, es conveniente crear una imagen del sistema antes de comenzar el análisis y restaurarla al finalizar el proceso. Al configurar los equipos ofensivos para realizar pruebas de penetración, es fundamental tomar decisiones sobre dos aspectos clave: la elección entre equipos físicos o máquinas virtuales y la selección entre utilizar una distribución de software existente o implementar un sistema personalizado con las herramientas necesarias preinstaladas. Esta decisión determinará la flexibilidad, la escalabilidad y la eficiencia del proceso de pruebas. La elección entre equipos físicos y máquinas virtuales depende de consideraciones como los recursos disponibles, los requisitos de rendimiento y la facilidad para realizar copias de seguridad y restauraciones. Por otro lado, la decisión sobre la distribución de software puede basarse en factores como la familiaridad del equipo con ciertas plataformas, la disponibilidad de herramientas específicas en las distribuciones existentes y la necesidad de personalización para adaptarse a las demandas específicas de la prueba de penetración. La mayoría de las distribuciones utilizadas para pruebas de penetración se basan en Linux, destacando entre las más populares Kali Linux (disponible en **https://www.kali.org/**) y Parrot OS (accesible en **https://www.parrotsec.org/**). Sin embargo, también hay opciones basadas en Windows, como PentestBox (disponible en **https://pentestbox.org/**) y Commando VM (accesible en **https://github.com/fireeye/commando-vm**). Estas distribuciones ofrecen una variedad de herramientas y recursos especializados para realizar pruebas de seguridad de manera efectiva en diferentes entornos y sistemas operativos.

## Fase de ejecución

La parte técnica del pentest se divide en varias etapas: reconocimiento, enumeración, explotación y post-explotación. Durante esta fase, es crucial documentar todas las acciones realizadas y sus resultados. Esta documentación es esencial para el informe final y para deshacer cualquier modificación realizada en los sistemas durante el proceso.

## Fase de presentación de resultados

Esta fase es fundamental en un test de penetración, ya que expone a la organización las acciones realizadas, las vulnerabilidades y riesgos de sus sistemas, así como recomendaciones para mejorar la seguridad. Aunque el informe final no debe detallar en exceso, debe contemplar como mínimo los siguientes apartados:

**Resumen ejecutivo:** Este apartado ofrece un breve resumen dirigido al personal de la dirección, con un lenguaje accesible y sin requerir conocimientos técnicos detallados. Su objetivo es proporcionar una visión general de los hallazgos más relevantes, resaltando los puntos clave de manera concisa.

**Introducción:** En esta sección se brinda una descripción general del test de penetración, incluyendo detalles como la duración, los participantes involucrados y un resumen de los principales riesgos identificados durante el proceso. El objetivo es contextualizar la evaluación de seguridad realizada.

**Metodología seguida:** Aquí se presenta una descripción técnica de las acciones llevadas a cabo durante el test de penetración, así como los resultados obtenidos. Es importante destacar que este apartado no debe limitarse a ser un mero copia-pega de los resultados de las herramientas o de la salida de los comandos utilizados, los cuales pueden ser adjuntados en los anexos si se considera necesario. En su lugar, se debe ofrecer una explicación detallada de los métodos y enfoques empleados durante el proceso de evaluación de seguridad.

**Vulnerabilidades encontradas:** En esta sección se proporciona una descripción detallada y específica de cada una de las vulnerabilidades identificadas durante el proceso de evaluación. Se incluye información sobre el nivel de riesgo asociado, los sistemas afectados, los posibles métodos de explotación y recomendaciones precisas para abordar cada vulnerabilidad.

**Conclusiones:** Aquí se presenta un resumen general del estado de seguridad, destacando las vulnerabilidades más relevantes y proporcionando recomendaciones para mejorar la postura de seguridad en el futuro. Este apartado ofrece una visión panorámica de los hallazgos del test de penetración y su impacto en la seguridad de la organización.

**Anexo:** Esta sección contiene documentación adicional relevante que puede complementar el informe principal, como resultados detallados de herramientas, registros de auditoría, capturas de pantalla u otros datos técnicos que puedan ser útiles para comprender mejor los hallazgos del test de penetración.

# Reconocimiento

## Introducción

La fase de reconocimiento se inicia una vez que se haya definido el alcance, se hayan firmado los documentos pertinentes y se haya elaborado un plan detallado para la prueba de penetración. Este enfoque garantiza que, incluso en pruebas de caja negra, se cuente con una base mínima de información que servirá como punto de partida para obtener más detalles relacionados con la organización objetivo.

Este punto de partida inicial puede ser simplemente el nombre de la organización, que generalmente es el primer punto de partida de un atacante. Alternativamente, se puede iniciar con más información, como el nombre de dominio, el rango de direcciones IP o los nombres de algunas personas que pertenecen a la organización. Esta fase es crucial ya que proporciona el conocimiento suficiente sobre la organización para llevar a cabo las fases posteriores con eficacia.

Antes de iniciar el ataque, es crucial realizar un estudio exhaustivo sobre la organización para comprenderla lo mejor posible y buscar posibles vulnerabilidades e información relevante que pueda ser utilizada en el ataque. Como resultado de este proceso de reconocimiento, uno de los productos que se obtendrá es una lista de posibles objetivos. Sin embargo, esta lista debe ser cuidadosamente verificada antes de proceder con las siguientes fases para confirmar que dichos objetivos estén dentro del alcance previamente definido.

Es posible que algunos de los objetivos identificados durante el proceso de reconocimiento no sean conocidos por el personal de la organización. En el contexto de un test de penetración, es recomendable verificar estos objetivos con el representante designado de la organización. Durante la fase de reconocimiento, se debe evitar en la medida de lo posible interactuar con los objetivos identificados, o hacerlo de una manera que no levante sospechas. En esta fase, se explorarán diferentes técnicas para obtener información sobre la organización, como fuentes abiertas, reconocimiento pasivo u OSINT (Inteligencia de Fuente Abierta).

# OSINT/Reconocimiento pasivo

En el reconocimiento pasivo, se busca recopilar toda la información disponible sobre la red y los sistemas del objetivo sin establecer una conexión directa con ellos. Internet proporciona una valiosa fuente de datos para este propósito, lo que la convierte en la base para llevar a cabo este tipo de reconocimiento. Durante esta fase, se busca información relacionada con nombres de dominio, direcciones IP, organizaciones asociadas, tecnologías utilizadas, infraestructura de red, direcciones de correo electrónico, nombres y cargos de los empleados, así como información personal relacionada con ellos.

Es esencial recopilar la mayor cantidad posible de información sobre el funcionamiento de la organización, incluyendo sus ubicaciones físicas (si el test de penetración involucra una parte física), su estructura jerárquica, el área de negocio en la que opera, así como la terminología utilizada por su personal. Las herramientas empleadas para este fin son comunes y accesibles para cualquier individuo, como los motores de búsqueda web, plataformas de redes sociales, foros en línea, anuncios de empleo, bases de datos disponibles en línea y el análisis de metadatos en archivos.

Existe una técnica que, aunque pueda parecer antigua, sigue siendo relevante en la actualidad y puede proporcionar información valiosa. Se le conoce como "Dumpster Diving", término adoptado para describir una práctica que ha existido desde hace mucho tiempo: buscar en la basura con el fin de obtener información útil sobre la organización, su personal o sus clientes.

## Redes sociales

Las redes sociales requieren un registro previo para acceder a la información, y también puede ser necesario interactuar con las cuentas de interés para obtener más datos. Aunque implica un trabajo adicional, puede ser beneficioso utilizarlas para recopilar información. Para esto, es crucial crear perfiles en varias redes sociales y mantenerlos activos de manera que parezcan cuentas legítimas.

Es crucial tener en cuenta que interactuar con los usuarios de las redes sociales implica realizar una acción de ingeniería social, por lo que debe realizarse con extrema precaución para proteger la información obtenida. Para un atacante real, esta tarea puede resultar más sencilla, ya que no tiene restricciones a la hora de crear cuentas falsas o de vulnerar la legislación de protección de datos personales.

## Foros

En numerosos foros técnicos, los administradores de sistemas suelen plantear preguntas sobre configuraciones o problemas que enfrentan en su trabajo diario. En ocasiones, pueden revelar inadvertidamente o de manera intencionada el nombre de su organización, o pueden ser identificados de alguna manera con la misma. En estos foros, es posible obtener información sobre las tecnologías utilizadas por una organización, lo que permite identificar posibles vulnerabilidades o configuraciones deficientes.

## Ofertas de empleo

En las ofertas de empleo para personal informático, las organizaciones suelen detallar las tecnologías que los futuros empleados deben conocer. Estas ofertas constituyen una valiosa fuente de información para un potencial atacante, quien puede simplemente leerlas para obtener una primera lista de posibles tecnologías y herramientas a investigar, aunque será necesario confirmar y ampliar esta información posteriormente.

## Búsquedas en internet

Las personas y las organizaciones tienden a revelar información tanto de manera inadvertida como intencionada, ya sea a través de redes sociales o mediante campañas de publicidad en internet. Mediante el uso de diferentes buscadores y una sintaxis adecuada, es posible obtener una gran cantidad de información interesante y útil. Los buscadores ofrecen una serie de operadores de búsqueda que pueden ayudar a enfocar las búsquedas en detalles específicos. Este enfoque se conoce como Google Hacking y Bing Hacking.

## Google Hacking

Se trata de una técnica de búsqueda que se basa en la

combinación de diversos operadores de búsqueda con el fin de obtener resultados sensibles que afecten a un objetivo y que puedan ser aprovechados por un atacante. Los operadores de Google posibilitan la búsqueda en sitios y dominios específicos, así como en páginas que contienen contenido relacionado. Además, permiten buscar según el texto presente en el título de las páginas, en las URL o en el contenido de la página.

**Site:** Este operador permite especificar el nombre de un sitio o un dominio para limitar las búsquedas a ese sitio en particular. Por ejemplo:

site:sitioejemplo.es

**Related:** Este operador se utiliza para buscar páginas con contenido similar al sitio sobre el que se está realizando la búsqueda. Puede ser útil para encontrar relaciones entre organizaciones según el contenido de sus sitios web o los enlaces existentes. Por ejemplo:

related:bancoejemplo.es

**Link:** Este operador busca únicamente en páginas que tienen un enlace a un sitio web específico. Por ejemplo:

link:sitioejemplo.es

**Intitle:** Este operador restringe las búsquedas al título de la página. Resulta muy útil para localizar sitios web que muestren el índice de archivos y carpetas ubicados en un directorio, lo que podría permitir a un atacante acceder a información sensible. Por ejemplo:

intitle:index of parent directory

**Inurl:** Este operador busca direcciones URL que contengan un texto específico, lo que puede ser útil para encontrar scripts correspondientes a implementaciones de sitios web con vulnerabilidades conocidas. Por ejemplo:

inurl:wp-content/plugins/my-calendar changelog

**Intext:** Este operador busca exclusivamente en el texto de la página. Por ejemplo:

intext:Windows

Se pueden combinar diferentes operadores para refinar la búsqueda. Los resultados de la búsqueda también variarán dependiendo de si se utilizan comillas o no, por lo que puede ser

útil probar diferentes formas de búsqueda. Por ejemplo:
site:sitioejemplo.es intext:Windows

Uno de los aspectos más relevantes a buscar durante la fase de reconocimiento son los archivos, tanto por su contenido como por los metadatos que puedan contener.

**Filetype:** Permite buscar archivos por su extensión. Es común combinar este operador con SITE, ya que permite buscar archivos específicos en un sitio determinado. Por ejemplo:
Filetype:xlsx site:empresa.es

Existen una gran cantidad de operadores que se pueden combinar prácticamente de manera ilimitada para realizar búsquedas de vulnerabilidades o sitios y páginas de interés. Una excelente fuente de referencia es la Google Hacking Database, disponible en: **https://www.exploit-db.com/google-hacking-database.** Este sitio web, mantenido por Offensive Security, recopila términos de búsqueda específicos, conocidos como "dorks", que están categorizados según los objetivos que persiguen.

## Otros motores de búsqueda

Además de las búsquedas que se pueden realizar con motores de búsqueda como Google o Bing, existen otros motores de búsqueda especializados que permiten encontrar dispositivos conectados. Esto puede ser de gran interés para localizar direcciones IP asociadas a routers, identificar e incluso controlar cámaras de vigilancia, entre otras posibilidades. Dos de los más conocidos son Shodan y ZoomEye, pero también hay otros motores que pueden resultar igualmente interesantes, como GreyNoise, Censys, Onyphe o BinaryEdge.

**Shodan:** Se enfoca en localizar una amplia variedad de dispositivos conectados a Internet, que abarcan desde routers y servidores web hasta cámaras de vigilancia y objetos de la "Internet de las cosas" (IoT), así como cualquier otro elemento susceptible de conexión. Aunque se puede utilizar de forma gratuita, para aprovechar al máximo sus funcionalidades es necesario registrarse y suscribirse pagando. Si eliges alguna de las categorías, se desplegarán las direcciones IP y otros detalles de los elementos correspondientes. Estos elementos se pueden seleccionar para obtener información adicional, como su ubicación, tecnologías utilizadas, vulnerabilidades conocidas o puertos abiertos, entre otros detalles relevantes.

**Zoomeye:** Este motor de búsqueda, originario de China, proporciona funcionalidades similares a las de Shodan, permitiendo realizar búsquedas gratuitas y ofreciendo aún más posibilidades para usuarios registrados y suscritos. Al igual que en Shodan, se pueden realizar búsquedas personalizadas o aprovechar las opciones predefinidas que ofrece la herramienta.

## Bases de datos WHOIS

Los dispositivos conectados a internet pueden ser localizados mediante sus direcciones IP públicas. Sin embargo, estas direcciones suelen ser difíciles de recordar para las personas y pueden cambiar con el tiempo. Para facilitar este proceso, se utilizan los nombres de dominio, que son palabras comprensibles y fáciles de recordar. Un nombre de dominio permite asociar direcciones IP con recursos en internet, lo que facilita a las organizaciones ofrecer servicios o información y permite un acceso más sencillo para el público en general.

El nombre de dominio de una organización sigue una estructura compuesta por varias partes. Generalmente, consta de:

- **Nombre del dominio raíz:** Es el nombre principal que identifica a la organización.
- **Punto del dominio de nivel superior (TLD):** Se refiere a las extensiones de dominio comunes como .com, .es, .org, entre otros.
- **Varios subdominios:** Estos pueden emplearse para identificar diferentes servicios o áreas dentro de la organización. Se colocan antes del nombre del dominio raíz y se separan también por un punto.

Cuando una organización registra un nombre de dominio, debe

proporcionar cierta información de la empresa. Esta información se registra a través de entidades llamadas registradores, quienes la almacenan en bases de datos. Anteriormente, esta información pública era accesible mediante el protocolo WHOIS y se podía consultar utilizando navegadores o líneas de comandos, a menos que el propietario del dominio optara por pagar una cuota para ocultarla.

Desde la entrada en vigor del Reglamento General de Protección de Datos (RGPD) en 2018, se han producido cambios significativos. La ICANN, responsable de coordinar los nombres de dominio a nivel mundial y encargada del WHOIS, se vio obligada a implementar ciertas modificaciones. Ahora, al registrar un dominio, se solicita el consentimiento explícito para mostrar los datos personales en las búsquedas WHOIS. En caso de no otorgarse dicho consentimiento, estos datos no se revelarán en las búsquedas.

**Consultas WHOIS a través del navegador:** Para realizar consultas sobre dominios, se pueden utilizar diversas opciones. Sitios como **https://lookup.icann.org/** ofrecen búsquedas sobre varios dominios, mientras que **https://www.dominios.es/dominios/** se especializa en dominios .es. Por otro lado, **https://whois.domaintools.com/** permite buscar información sobre varios dominios, incluidos los que tienen TLD .es. Es importante tener en cuenta que el nivel de detalle de los resultados puede variar entre estas plataformas, por lo que puede ser beneficioso explorar las diferentes alternativas disponibles. Hay aplicaciones de línea de comandos disponibles que facilitan la realización de consultas WHOIS. Esta herramienta viene incluida por defecto en las distribuciones de Linux y la mayoría de los sistemas UNIX-like, aunque en el caso de Windows, es necesario descargar una aplicación adicional para su uso.

```
Th1@hacking:~$ whois     .es
This TLD has no whois server, but you can access the whois database at
https://www.nic.es/
Th1@hacking:~$ 
```

En Linux, se puede utilizar el parámetro "-i" para realizar consultas WHOIS. En primer lugar, esta opción consulta a WHOIS.IANA.ORG. Luego, realiza una consulta al servidor WHOIS que se indique como autoritativo para esa petición.

```
Th1@hacking:~$ whois -I ████.es
% IANA WHOIS server
% for more information on IANA, visit http://www.iana.org
% This query returned 1 object

refer:          whois.nic.es

domain:         ES

organisation:   Red.es
address:        Edificio Bronce
address:        Plaza Manuel Gomez Moreno
address:        Madrid  28020
address:        Spain

contact:        administrative
name:           Alberto Martinez Lacambra
organisation:   Red.es
address:        Edificio Bronce
address:        Plaza Manuel Gomez Moreno
address:        Madrid  28020
address:        Spain
phone:          +34 91 212 76 24
fax-no:         +34 91 555 76 64
e-mail:         esnic-admin@red.es
```

# Reconocimiento activo

## DNS

Las técnicas previas se centran en obtener información sin interactuar directamente con el objetivo, pero existen otras técnicas y herramientas de reconocimiento activo que implican un contacto más directo. Una de ellas es el protocolo DNS, que se utiliza para asociar nombres de dominio con las direcciones IP correspondientes. Esta información se almacena en una base de datos jerárquica distribuida. En cada nivel de esta jerarquía se encuentran diferentes servidores, los cuales resuelven los nombres y responden a las peticiones dentro de su espacio de nombres asignado.

En el proceso de búsqueda de información, al encontrar algún servidor DNS durante las consultas WHOIS, es factible realizar consultas a estos servidores para ubicar equipos relacionados con la organización objetivo. Es importante tener en cuenta que algunos de los equipos identificados en este punto pueden no pertenecer a la organización objetivo o pueden estar fuera del alcance previsto, por lo que será necesario verificar su relevancia de manera adecuada. Para que un servidor DNS proporcione información sobre un dominio específico, es necesario realizar las consultas adecuadas para los distintos tipos de registros disponibles.

- **NS (NameServer):** Este registro contiene los nombres de los servidores de nombres asociados a un dominio específico.
- **A (Address/Host):** Este registro relaciona la dirección IPv4 de un dominio. Para direcciones IPv6, se utiliza el registro AAAA (QUAD-A).
- **MX (Mail Exchange):** Este registro identifica los servidores de correo asociados a un dominio.
- **TXT (Text):** Este registro permite incluir cualquier cadena de texto, que puede ser utilizada para diversos propósitos, como almacenar información del propietario del dominio.
- **CNAME (Canonical Name):** Este registro permite indicar nombres alternativos (alias) para un host.
- **PTR (Pointer/Reverse):** Se utiliza para búsquedas inversas, lo que facilita encontrar los registros correspondientes a una dirección IP.
- **SOA (Start of Authority):** Indica que un servidor es autoritativo para una zona. Estos registros contienen información administrativa sobre la zona y son de gran importancia para las transferencias de zona, un tema que se abordará posteriormente.
- **SPF (Sender Policy Framework):** Este registro TXT indica los nombres de servidores o direcciones IP autorizadas para enviar correos electrónicos en nombre del dominio.
- **RP (Responsible Person):** Se trata de un registro meramente informativo que no suele ser utilizado con frecuencia, pero en caso de serlo, contendrá información sobre la persona responsable del dominio.
- **SRV (Service Location):** Aunque no se utiliza habitualmente, este registro sirve para indicar qué servicios están disponibles en el dominio, el nombre del equipo y el puerto en el que se encuentra cada servicio.

**Herramientas para obtener información de un servidor DNS:** Para obtener información de un servidor DNS, existen diversas herramientas y comandos de línea disponibles. Algunas de ellas vienen preinstaladas en prácticamente todos los sistemas operativos, especialmente en la mayoría de las distribuciones Linux, mientras que otras pueden requerir descargas adicionales para su ejecución.

- **Nslookup:** Esta instrucción está disponible por defecto en sistemas operativos como Windows, así como en la mayoría de las distribuciones de Linux y Unix-like. Su ejecución básica es sencilla: solo se necesita ejecutar el comando e indicar el dominio o un nombre de host como parámetro.

*nslookup www.google.es*

Permite especificar diferentes parámetros para realizar consultas más complejas. Una de las características que la hacen interesante es su capacidad de trabajo interactivo. Para activar esta funcionalidad, simplemente se ejecuta el comando NSLOOKUP sin indicar ningún parámetro ni dominio. De esta manera, se abrirá un prompt desde el cual se podrán realizar consultas más detalladas y complejas.

*nslookup*

Nslookup ofrece la posibilidad de especificar qué servidor DNS se utilizará para la resolución de nombres, lo que facilita emplear los servidores obtenidos durante las búsquedas WHOIS. En situaciones donde no se cuente con ningún servidor DNS disponible pero se conozca el dominio de la organización, NSLOOKUP puede ser utilizado para obtener información sobre los servidores DNS asociados a dicho dominio.

Para especificar un servidor DNS diferente, se emplea la instrucción "SERVER", seguida de la dirección IP o del nombre del servidor.

*> server ns1.luadns.net*

Por defecto, nslookup buscará los registros a.
Si se desea obtener información de otros registros, es

posible indicar el tipo de registro sobre el que se quiere preguntar utilizando la instrucción "SET TYPE=", seguida del tipo de registro deseado (por ejemplo, "SET TYPE=MX" o "SET TYPE=ANY"). Una vez configurado NSLOOKUP para realizar las búsquedas sobre el servidor y los registros deseados, simplemente se especificará el dominio directamente en el prompt.

> *set type=any*

En la respuesta, se identifican los siguientes elementos:
- o **Server y Address:** Indican el nombre del servidor DNS que se ha indicado, junto con su dirección IP.
- o **Mail Exchanger:** Se refiere al registro MX.
- o **V=SPF1:** Indica el registro SPF. En este caso, especifica los servidores autorizados para enviar mensajes en nombre del dominio, relacionados con las IP asociadas a los registros "A" y "MX" según la configuración del servidor. También especifica el rango de direcciones IP que pueden enviar correos en nombre del dominio.
- o **SOA (Start of Authority):** Proporciona la siguiente información:

- **Nombre del dominio:** El dominio consultado.
- **Origin:** El servidor de nombres del dominio, como por ejemplo NS2.RA-MA.ES.
- **Mail Addr:** La dirección de correo electrónico del administrador del dominio, con la "@" sustituida por un punto.
- **Serial:** Se utiliza para versionar, con un formato de año-mes-día seguido de un número que indica cuántas veces se ha editado en ese día (por ejemplo, "AAAAMMDDXX").
- **Refresh:** Intervalo en segundos en el que el servidor DNS secundario comprobará con el primario si ha habido modificaciones desde la última comprobación.
- **Retry:** Intervalo para reintentar la conexión con el servidor primario en caso de fallo en el intento anterior.
- **Expire:** Tiempo que el servidor DNS secundario considera válida la información de la zona en caché si no puede conectarse al primario.
- **Minimum:** Tiempo que un nombre de dominio se guarda en caché, tras el cual el servidor debe actualizar la información de un servidor autoritativo.

- **Host:** Desde la línea de comandos de Linux, se puede ejecutar el comando host para realizar búsquedas DNS tanto directas como inversas, así como para mostrar el resultado de distintos registros y llevar a cabo una transferencia de zona. La consulta más básica con el comando host consiste en indicar únicamente el dominio, lo que mostrará por defecto la información del registro A.

*host www.google.es*

También es posible especificar los tipos de registros que se desean consultar utilizando el parámetro -T.

*host -t MX www.ejemplo.es*

- **Dig:** Permite realizar consultas a los servidores DNS. En la ejecución de DIG, se puede indicar el dominio, el tipo de registro a consultar y el servidor DNS que se quiere utilizar. Para especificar los registros, se puede utilizar el parámetro -T. De igual manera que con NSLOOKUP y con HOST, es posible obtener los servidores DNS haciendo una consulta de los registros NS.

*dig www.ejemplo.es -t ns*

- **Otras herramientas:** Existen herramientas específicamente diseñadas para el reconocimiento de información a través de los servidores DNS, así como otras de uso más general que también permiten obtener datos relevantes. Entre estas herramientas destacan el Dnsenum, disponible en varias distribuciones y descargable desde GitHub, y el Dnsrecon, comúnmente instalado en distribuciones de seguridad y disponible en el mismo repositorio en línea. Estas herramientas proveen funcionalidades diversas para realizar análisis exhaustivos de los registros DNS y extraer información valiosa para evaluaciones de seguridad y auditorías de red.
- **Transferencias de zona:** Estas transferencias de zona están diseñadas para actualizar la información de los servidores DNS secundarios basándose en los datos almacenados en los servidores primarios. Normalmente se realizan a través del puerto TCP 53. Sin embargo, los servidores DNS bien configurados suelen bloquear todas las transferencias de zona desde direcciones IP no autorizadas en Internet, lo que hace improbable que se obtengan resultados durante esta fase. Estas herramientas pueden resultar útiles durante la fase de post-explotación. Una vez que se haya logrado acceso a las redes internas, existe la posibilidad de acceder a los servidores DNS internos de la organización, lo que podría permitir realizar una transferencia de zona desde un equipo comprometido.

## Ingeniería social

La ingeniería social se basa en la premisa de que el factor humano es el eslabón más débil en la cadena de seguridad cibernética, y por tanto, emplea diversas técnicas de manipulación para inducir a los usuarios a realizar acciones o revelar información sensible. Esta estrategia es crucial durante la fase de reconocimiento. Por lo general, todas las actividades de ingeniería social son precedidas por un reconocimiento exhaustivo que permite, al menos, identificar algunos empleados de una organización, luego se emplean una serie de técnicas para recopilar información.

**Phishing/Vishing/Smishing:** Son métodos que implican el envío de correos electrónicos, llamadas telefónicas o mensajes de texto falsos, que aparentan ser legítimos, con el propósito de obtener información personal, financiera o corporativa de manera fraudulenta.

**Redes sociales:** Se utilizan para recopilar información de forma pasiva. En algunos casos, esto puede no ser factible y se requerirá una interacción directa con la víctima. En esta última instancia, un atacante buscará establecer una relación con la víctima para ganar su confianza y obtener información a través de la manipulación.

**Dumpster diving:** Se refiere al proceso de buscar en la basura de la víctima para obtener información personal o corporativa.

## Otras herramientas de reconocimiento activo

Existen herramientas que ofrecen diversas funcionalidades en un mismo entorno y generan informes con la información recopilada de manera organizada. Sin embargo, es importante tener en cuenta que estas herramientas pueden no abarcar todos los sitios y también pueden generar mucha información no relacionada con el objetivo. Por lo tanto, siempre será necesario revisar la información obtenida, así como complementarla con datos obtenidos mediante acciones manuales.

### Recon-ng

Es un framework desarrollado en Python por Tim Tomes (LANMaster53), disponible de manera gratuita en GitHub. Aunque se maneja mediante comandos, proporciona un entorno unificado desde el cual realizar acciones de reconocimiento de manera interactiva. Está diseñado para llevar a cabo un reconocimiento basado en la web y almacenar los resultados en una base de datos, la cual permite consultar y exportar los datos fácilmente. Organiza sus módulos por categorías orientadas a las distintas acciones que se pueden realizar.

Se puede utilizar en cualquier sistema operativo que tenga Python instalado en su versión 3.7.6 o superior. Las distribuciones orientadas a la seguridad lo tendrán disponible en sus repositorios, por lo que se instalará como cualquier otro paquete. Para otras distribuciones, será necesario clonar el repositorio de GitHub e instalar las dependencias correspondientes. La instalación desde los repositorios de una distribución basada en Debian es similar a la de cualquier otro paquete, simplemente se ejecuta el comando: sudo apt install recon-ng.

La instalación desde el repositorio de GitHub requiere tener previamente instalado PIP o PIP3. Es importante tener en cuenta que las dependencias que se instalan son las necesarias para ejecutar el framework en sí, no las requeridas por los diferentes módulos que pueda contener. Una vez instaladas las dependencias, se puede ejecutar la herramienta sin problemas.

La herramienta no es excesivamente complicada de manejar; sin embargo, debido a la gran cantidad de módulos disponibles, puede requerir un período de familiarización más o menos extenso antes de ser utilizada en entornos reales. Al iniciar la herramienta por primera vez, se muestra el mensaje "NO MODULES ENABLED/INSTALLED". Utilizando el comando HELP se despliega una ayuda detallada sobre los comandos disponibles para su ejecución.

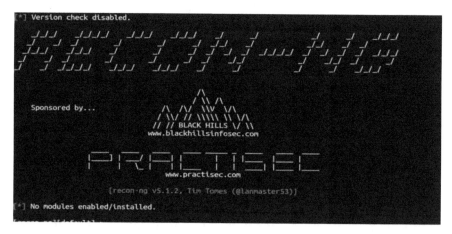

```
[recon-ng][default] > help

Commands (type [help|?] <topic>):
---------------------------------
back            Exits the current context
dashboard       Displays a summary of activity
db              Interfaces with the workspace's database
exit            Exits the framework
help            Displays this menu
index           Creates a module index (dev only)
keys            Manages third party resource credentials
marketplace     Interfaces with the module marketplace
modules         Interfaces with installed modules
options         Manages the current context options
pdb             Starts a Python Debugger session (dev only)
script          Records and executes command scripts
shell           Executes shell commands
show            Shows various framework items
snapshots       Manages workspace snapshots
spool           Spools output to a file
workspaces      Manages workspaces

[recon-ng][default] >
```

Antes de proceder, es necesario cargar los módulos. Para listar los módulos disponibles, se puede utilizar el comando "MARKETPLACE SEARCH", el cual mostrará una lista de módulos con información detallada, incluyendo la versión, fecha de actualización, si está instalado y si tiene dependencias (indicadas en la columna D) o requiere claves API (columna K). El framework cuenta con diversas categorías en las que se agrupan los módulos según su propósito:

- **Discovery:** Cuenta con dos módulos diseñados para obtener información mediante la interacción directa con el entorno del objetivo. Incluye un módulo para buscar archivos en la web especificada y otro para buscar en la caché del DNS los dominios visitados, con el propósito de intentar determinar el antivirus utilizado por la organización.
- **Exploitation:** Contiene dos módulos destinados a explotar vulnerabilidades en la web.
- **Recon:** Engloba la mayor cantidad de módulos, dedicados al propósito principal de la herramienta, que es el reconocimiento de diversos aspectos. Incluye módulos de resolución de nombres y direcciones IP, así como módulos para realizar búsquedas en diferentes motores de búsqueda y acceder a bases de datos de credenciales expuestas en Internet, entre otros. Es importante tener en cuenta que para muchos de estos módulos será necesario configurar una API key, por lo que previamente

se requerirá un registro en los sitios correspondientes.
- **Reporting:** Es una característica esencial que ofrece la herramienta, permitiendo exportar información en diversos formatos
- **Import:** Diseñado para facilitar la importación de archivos de texto con información relacionada con hosts y puertos, lo que contribuye a completar la base de datos. Además, el usuario tiene la capacidad de crear y utilizar módulos personalizados según sus necesidades específicas.

La instalación de los módulos puede realizarse de varias formas: de manera individual, especificando el nombre completo o el path del módulo; también se puede indicar el tipo para instalar todos los módulos de esa categoría en particular, o llevar a cabo una carga masiva de todos los módulos disponibles.

Si deseas conocer los módulos instalados, utiliza el comando MODULES. Para ejecutar un módulo, primero debes cargarlo utilizando el comando MODULES y luego configurar las opciones con OPTIONS. Para obtener detalles adicionales sobre un módulo y conocer las opciones configurables disponibles, puedes utilizar el comando INFO.

```
[recon-ng][default] > modules load recon/domains-contacts/metacrawler
[recon-ng][default][metacrawler] > info

      Name: Meta Data Extractor
    Author: Tim Tomes (@lanmaster53)
   Version: 1.1

Description:
   Searches for files associated with the provided domain(s) and extracts any contact related metadata.

Options:
   Name        Current Value    Required    Description
   ------      -------------    --------    -----------
   EXTRACT     False            yes         extract metadata from discovered files
   SOURCE      default          yes         source of input (see 'info' for details)

Source Options:
   default          SELECT DISTINCT domain FROM domains WHERE domain IS NOT NULL
   <string>         string representing a single input
   <path>           path to a file containing a list of inputs
   query <sql>      database query returning one column of inputs

Comments:
   * Currently supports doc, docx, xls, xlsx, ppt, pptx, and pdf file types.
```

## TheHarvester

Se trata de otra herramienta que permite obtener información de diversas fuentes. En este caso, está desarrollada por Christian Martorella y también está disponible de manera gratuita en un repositorio de GitHub. El proceso de instalación es similar al que se ha descrito para Recon-ng, y en el propio repositorio de Git de la herramienta, se dispone de un enlace donde se indican los pasos para instalarlo de diversas formas.

La herramienta permite realizar tanto reconocimiento pasivo como activo, explorando diversas fuentes para recopilar nombres, direcciones de correo electrónico, dominios, direcciones IP y URLs. En cuanto al reconocimiento activo, posibilita la captura automática de pantallas de los subdominios encontrados, así como la realización de enumeraciones DNS por fuerza bruta. Es necesario especificar la búsqueda a realizar mediante parámetros.

Para ver todas las opciones que ofrece, ejecuta el comando: theHavester -h

## Análisis de metadatos

El Real Decreto 1708/2011, que establece el Sistema Español de Archivos, define los metadatos como: "Cualquier descripción estandarizada de las características de un conjunto de datos. En el contexto del documento electrónico, son cualquier tipo de información en forma electrónica asociada a los documentos electrónicos, de carácter instrumental e independiente de su contenido, destinada al conocimiento inmediato y automatizable de alguna de sus características, con la finalidad de garantizar la disponibilidad, el acceso, la conservación y la interoperabilidad del propio documento". En pocas palabras, son datos que describen otros datos.

Los archivos informáticos se generan mediante diversas aplicaciones que añaden información adicional estructurada en forma de metadatos, los cuales no suelen ser visibles para el usuario durante la visualización del documento. Esta información abarca aspectos relacionados con fechas, formatos y configuraciones de visualización. Sin embargo, también existen metadatos que proporcionan información más detallada, la cual podría resultar muy útil para un atacante. Por ejemplo:

- **Aplicación utilizada para la generación del documento:** No solo proporciona el nombre, sino que también puede revelar la versión utilizada al crear el archivo. Esta información resulta útil para un atacante, ya que le permite identificar posibles vulnerabilidades y preparar vectores de ataque para realizar ataques del tipo cliente-servidor.
- **Nombres de usuario:** Estos datos revelan quiénes han creado y modificado el documento. Dependiendo de cómo se generen en la organización, estos metadatos pueden ofrecer directamente los nombres de usuario en el sistema o simplemente información sobre los nombres y apellidos de los usuarios. En ambos casos, esta información es valiosa para un atacante.
- **Direcciones de correo electrónico:** Esta información también es muy útil para un atacante, ya que puede ser utilizada en ataques de ingeniería social.
- **Rutas en las que se han creado:** Algunos metadatos proporcionan detalles sobre la ruta del archivo cuando se generó en el sistema, lo que puede revelar información sobre los nombres de directorio que podrían ser de interés para un atacante.

Los metadatos de una organización simplifican las búsquedas y la integración de archivos en repositorios centralizados. Sin embargo, la exposición pública de archivos con metadatos puede resultar en una fuga no deseada e inadvertida de información. Prácticamente todos los tipos de archivos contendrán algún tipo de metadato. En general, a un atacante le interesarán archivos PDF, HTML, imágenes (JPG, JPEG, etc.) y documentos de oficina (DOCX, DOT, DOC, XLSX, XLS, PPTX, PPT, ODT, ODF, ODS, ODP, etc.). Para extraer los metadatos de los archivos, es necesario obtener los archivos previamente. Existen herramientas que permiten automatizar la búsqueda y descarga de archivos en los sitios web de la organización e incluso facilitan la automatización de todo el proceso de búsqueda, descarga de archivos y análisis de metadatos.

## Obtención de archivos con WGET

Aunque navegar normalmente por una página web es la forma más sigilosa de descargar archivos, este proceso puede ser lento y a veces no se encuentran todos los archivos necesarios. Por ello, es útil conocer técnicas y herramientas que faciliten el trabajo. Una herramienta es Wget, que es gratuita y de código abierto. Wget permite realizar descargas desde servidores web utilizando varios parámetros para delimitar las descargas, lo que facilita configurarlas para especificar los tipos de archivo a buscar e indicar que la búsqueda se realice de manera recursiva.

En el siguiente ejemplo, se están buscando todos los archivos con las extensiones indicadas (-A) en un dominio específico de manera recursiva (-R). Estos archivos se almacenarán en la ruta especificada (-P) sin crear subdirectorios (-ND):

*wget -r -l3 -H -t1 -nd -N -np -A.pdf,.docx,.xlsx -erobots=off -i -o prueba1/ ejemplo.com*

Una vez finalice la ejecución, todos los archivos que cumplan con los parámetros establecidos se habrán descargado en la ruta especificada.

## Análisis de metadatos con EXIFTOOL

Es una herramienta gratuita y multiplataforma desarrollada en Perl por Phil Harvey, diseñada para leer, crear y modificar metadatos en archivos de diversos formatos. La instalación de ExifTool es muy sencilla: para Windows y MacOS, puedes encontrarla en la página web oficial de la herramienta (**https://exiftool.org**). Para Linux, basta con instalar el paquete libimage-exiftool-perl desde los repositorios. Una vez instalada, para visualizar los datos, simplemente ejecuta la herramienta indicando el nombre del archivo.

## Análisis de metadatos con FOCA

Se trata de una aplicación para Windows desarrollada por Eleven Paths que facilita la descarga de archivos de un dominio y el análisis de los mismos en busca de metadatos. La información obtenida de los metadatos se presenta de manera ordenada y agrupada por categorías dentro de la herramienta. La descarga de la herramienta se puede realizar a través del enlace disponible en la página oficial: **https://cybersecuritycloud.telefonicatech.com/innovacion -labs/tecnologias-innovacion/foca**, el cual redirige al repositorio Git donde se encuentran varias versiones de la herramienta junto con su código fuente. No requiere instalación, simplemente es necesario descargar y descomprimir el archivo .ZIP para empezar a utilizarla.

Para ejecutarla, es necesario tener acceso a un servidor SQL Server al cual conectarla. Este servidor SQL puede ser de cualquier versión, incluidas las versiones Express, y no es necesario que esté instalado en el mismo equipo donde se ejecuta FOCA. Sin embargo, en este último caso, será necesario especificar la cadena de conexión al iniciar la herramienta. La primera acción al ejecutar la herramienta es crear un proyecto. Después de proporcionar el nombre del proyecto y el dominio, puedes iniciar la búsqueda de archivos. Para ello, selecciona los motores de búsqueda que deseas utilizar, así como los tipos de archivo que quieres buscar. La herramienta mostrará todos los archivos encontrados, junto con información sobre los servidores y los dominios relacionados.

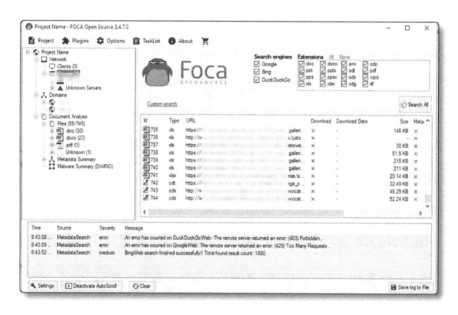

Para descargar archivos, puedes seleccionar uno o varios archivos y luego elegir la opción de descarga que se muestra en el menú contextual. Los archivos descargados se marcarán con un punto verde en lugar de una cruz roja. Una vez que hayas descargado los archivos, nuevamente a través del menú contextual, puedes extraer los metadatos de los archivos seleccionados o de todos ellos.

A medida que se extraen metadatos, la información se organiza en los distintos nodos del árbol que aparece a la izquierda. La cantidad de información hallada dependerá de la manera en que la organización haya gestionado la publicación de sus archivos.

# Conclusiones

El reconocimiento puede parecer una fase tediosa, lo que podría llevar a la tentación de pasar rápidamente por ella para enfocarse en etapas aparentemente más emocionantes. No obstante, esta fase es de vital importancia, ya que un reconocimiento incompleto podría pasar por alto información esencial para las fases posteriores. Es crucial entender que un atacante genuinamente interesado en una organización específica dedicará todos sus recursos para conocerla a fondo, incluido su personal, antes de iniciar cualquier ataque.

Al completar esta fase, se dispondrá de una cantidad considerable de información y una lista de posibles objetivos, que deben documentarse minuciosamente con la información descubierta. Es fundamental no limitarse únicamente a los aspectos técnicos y relacionados con el hardware y el software (direcciones IP, nombres de equipos, sistemas operativos, puertos conocidos, aplicaciones y versiones, vulnerabilidades identificadas, credenciales encontradas, etc.), sino que también se debe documentar la información relacionada con las personas e incluso los edificios. Esto se debe a que, dependiendo del tipo de prueba de penetración, también puede ser necesario actuar sobre esos aspectos.